당신으로부터 사흘 밤낮

이인 시집

시인동네 시인선 142   이인 시집

당신으로부터 사흘 밤낮

시인동네

시인의 말

꽃 진 자리에서부터 발아된
나의 슬픈 문장들이여

이제 더는
뒤돌아보지 말기를……

2020년 12월
이인

차례

시인의 말

제1부

칠점사 · 13
동박, 동백꽃 · 14
파킨슨 씨의 저녁 · 16
집이 운다 · 18
낫달 · 20
한식 · 21
빈집의 여백 · 22
모란장 · 24
못다 쓴 문장 · 26
흙 위에 쓰는 시 · 28
봉인 · 29
가장 가벼운 의식 · 30
양장의 날개 · 32
백련 · 34

제2부

상강 · 37

장미 정원 · 38

산당화 · 40

사흘 밤낮 · 42

기몽 · 44

부르다 만 노래 · 45

버드나무 미용실 · 46

오색딱따구리의 무덤 · 48

이마가 흰 기러기 · 50

연못이 평화로운 이유 · 52

담쟁이 기도문 · 53

천궁 · 54

곡선의 기억 · 56

암각화를 그린 여우 · 58

제3부

허물 · 61

부드러운 독 · 62

복사꽃 평전 · 64

물총새의 저녁 · 65

뱀딸기 · 66

낮달 2 · 68

한밤중 · 69

일일 · 70

나문재 · 72

올빼미 · 73

옥상 · 74

항아리 거울 · 76

제비꽃 · 77

아주 심기 · 78

꽃들의 행진 · 80

제4부

산벚나무 · 83

환지통 · 84

수문 밖 풍경 · 86

월담 · 87

장다리꽃 · 88

싸리나무가 있는 방 · 90

박꽃 · 92

자웅동주 · 93

옥녀개각혈 · 94

애기똥풀꽃 · 96

꽃사태 · 98

산책 · 99

튤립은 피고 · 100

물방울의 기원 · 102

저녁의 입술 · 104

해설 탈주하는 은유의 힘 · 105
     오민석(문학평론가·단국대 교수)

제1부

칠점사

머리에 일곱 개의 별을 단 뱀을
노인은 산 채로 유리병에 넣고 술을 붓는다

뱀의 익사를 본다
별의 익사를 본다

죽음을 들이는 자세를 취해야 하는데
좀처럼 자세가 취해지지 않는다

제가 뿜은 독(毒)에 취해
일곱 개의 별을 뱉어낸다

유리병 속에
북두칠성이 떴다

동박, 동백꽃

동박새가 유두처럼 생긴 꽃봉오리 쪼아대는 한낮
동백 숲에 드니
산도(産道) 열고 순풍순풍 붉은 꽃 피어나는
오랜 수령의 동백나무에서
피, 비린내가 난다

한 달에 한 번씩 꽉 차오르는 아랫배 움켜쥐고
붉은 혈 질펀하게 쏟아내야 가벼웠던 몸
자식 둘을 낳고 이제는 자궁 문이 닫히는 중이다

시도 때도 없이 벌겋게 홍조 띤 얼굴
계절과 상관없이 불같은 적막을 견뎌내며
새벽 맞는 일 허다하다
도대체 틈을 주지 않는다
여자가 빠져나가는 몸에선 버석버석 물기 마른 소리 들린다

동박새 앉았다 간 나뭇가지
낭창낭창 휘어진다

춘정에 못 이긴 꽃 모가지 우수수 떨어진다
저 홍건하게 젖은 붉은 혈 서럽도록 화사하다

달빛 환하게 내려앉는 밤
나, 거기 동백 숲에 들어 발정 난 동박, 동박새와
한 열흘쯤 몸을 섞다
덜컹, 애라도 밴다면
완강하게 달려드는 갱년기 건딜 만하겠다

파킨슨 씨의 저녁

아주 천천히
느리게 줍는다

그녀의 눈은 발등에 붙어 있는 밥알에 쏠려 있다
밥을 향해 열린 탁한 눈동자가 집요하다
마른 손가락으로 밥알을 주워 입에 넣는다
잠시 가라앉는 침묵 밥알에 따라 붙는다

주운 밥 혀끝으로 말려들어 간다
두 눈을 지그시 감고
쉴 새 없이 되새김질한다

주름진 입가에 접혀 있던 그늘이 짧게 퍼진다

입으로 온 파킨슨 씨가
붉은 굴뚝에서 피어오르는 연기 저편
밥 짓던 저녁을 불러들인다

한참을 허공 속 그러쥐다
기억의 밥상을 차리고 있는지
흰 쌀밥 고봉으로 담아놓고
밥상 차렸으니 할아버지 들어오시라고 한다

밥알에 따라붙은
너무나 먼 침묵

집이 운다

늙은 감나무 빈집을 내려다보고 있다

흙벽 떨어져 나간 토방 앞
들고양이 배 깔고 자울자울 졸고
댓돌 위 다 해진 검정 고무신 한 짝 누워 있다

문턱이 다 닳도록 드나들던 안방 방문 위
윗대서부터 내려왔다는 가훈이
비딱하게 걸려 있다

여름 한철 국수를 밀던 밀대는
부뚜막을 굴러다니고
녹슨 가마솥에는 거미들이 집을 짓고 있다

빈손으로 허공만 더듬거리던 바람
마당귀, 저 홀로 피어 만삭이 된
봉숭아꽃 씨방을 만지작거리고
나비는 문 열린 빈집을 제 집처럼 드나든다

>

붉은 굴뚝을 기어오르는 담쟁이넝쿨
그늘 넓히느라 하루가 짧다
숨소리조차 들리지 않던 집
불쑥 대문을 밀고 들어올 것 같은 사람이 그리워
집이 운다

땡감 매달고 있는 감나무 가지 끝
귀 닮은 낮달이 걸려 있다

낮달

내 손바닥 위에 조약돌을 쥐어 주고 떠났다
돌을 움켜쥐고 크게 한번 흔들었다
썰물이 빠져나간 조약돌이 촉촉하게 젖어 있었다

화인처럼 내게 남겨진 조약돌

너를 다시 볼 수 없다는 걸
지구의 자전이 몇 번 있고서야 알았다

백중 때가 되면 손 안에서
잔물결 뒤척이는 소리가 들린다

한낮에도 달은 뜨고
물결은 차오른다

어둠은 어쩌다가 달을 놓쳤을까?

한식

벚꽃 아래 잠든 이의 이마를 짚어주다
문득 고개 들어보니

검은 옷 입은 무리가
꽃상여 밀며 구릉을 넘는다

눈물 든 상주의 눈길이 무량하게
서천(西天)에 닿는다

빈집의 여백

밤늦도록 불빛 환하게 새어나왔던 집
언제부터인가 빛은 사라지고
정체불명의 냄새로 출렁거렸다

바람으로 부풀어진 루머가
긴 꼬리를 흔들며 골목을 휘젓고 다닌다
날이 갈수록 냄새는 깊어지고
문 밖으로 쉴 새 없이 흘러나왔다

골목은 냄새의 배후를 찾아
몇몇 도시 유목민들을 모여들게 했고
짧은 시간 안에 냄새의 배후가 바닥을 드러냈다

발견된 변사체에서
씨알 굵은 구더기가 먼저 현관 문지방을 넘었고
골목 안 생면부지의 사람들은
서로 낯익은 듯 은밀한 귀엣말로
귀를 살찌우고 있었다

>

유품처리업자는 소독약으로
빈집의 여백을 채웠지만
골목 안으로 스며들었던 냄새는
또다시 제 몸피를 늘리며
남은 이야기를 풀어내기 시작했다

모란장

이지러진 낮달을 눌러 쓰고
새소리로 가로등을 켜는 공원이 있다

어둠 속 저편 박카스를 손에 쥔 여우들이 걸어온다
미묘한 눈길로 모자들과 주고받는 불빛 사이
여우는 민첩하게 꼬리를 흔들며 중절모를 유혹하고
은밀하게 흥정한 대가는 끈적한 지폐 몇 장

그들은 모란꽃을 등지고 여관 문턱을 넘는다
뼛속까지 비우려고 내뱉는 야성의 소리
신들도 어쩌지 못하는 욕정에 불이 붙는다
그녀는 지금 이 빠진 짐승과 협곡을 건너는 중이다

수시로 우울 팬티를 갈아입는 여자
그녀의 생이 부활하는 일은
신이 물고 있는 태양을 맨몸으로 끌어안는 일
단 한 번도 건너지 못한 협곡을 뒤로하고
허둥대며 돌아서는 골목

〉

세상 어디에도 없는 허물을 덮으려는 듯
밤낮없이 모란꽃 피었다 지는 이곳엔 향기가 없다

못다 쓴 문장

왕버드나무가 소슬바람에 머리 헹구는 날이었다

수면 위로 문장을 적고 있는 청둥오리
저들의 필력이 담긴 책을 빌려
행간을 따라 읽는다

물밑 하루를 쉼 없이 재고 있는
위태로운 자맥질에
나는 갈댓잎 책갈피에 끼워놓고
생각을 늘렸다 줄였다 한다

몇 번이고 물속을 치받다 부리에 걸린
뜻 모를 은빛 활자
벌어지는 자간 사이를 되새김질한다

부리로 쓰는 글씨는 가장 깊고 고요해서
읽어낼 수가 없다
두꺼운 책장을 넘길 수가 없다

〉

간절한 허기로 못다 쓴 문장
출렁거리는 수면을 바짝 잡아당겨
바깥 고리를 걸어둔다

흙 위에 쓰는 시

　월간지로 나온 살구나무 책을 펼쳐든다 물관을 타고 오르는 활자들이 뿌리의 안부를 묻는다 아지랑이 토해내는 나무의 목록을 누가 흙 속에 새겨두었던 걸까 적산가옥 그 연혁이 펼쳐진 봄, 굴뚝은 제 붉은 속내를 들키지 않으려고 연기만 자꾸 피워 올린다 그때 눈이 가려운 살구나무들이 꽃빛을 피운다 이따금 부리에 침을 바른 새떼들이 봄빛을 몰고 와 책장을 넘긴다 몇 년 전 타지로 나간 주인집 아들이 유골함으로 돌아왔다 봄비에 젖은 나무는 온종일 몸을 뒤척였고 새소리 바람 소리를 수피 속으로 가두었다 비에 젖은 파란 대문이 붉은빛으로 글썽이고 꽃숭어리가 빗소리에 다 털릴 즈음 소나무 숲에서 불어오는 바람은 봄밤이 늘어지지 말라고 솔잎 시침핀으로 지붕을 눌러놓았다

　봄이란 책장이 쉽게 넘어가질 않는다

봉인

 그날 밤을 삼켰던 비밀이 끝내 소화되지 않고 떠올랐다 누군가 흰 뼈로 발견되었지만 한 올의 단서도 남기지 않았으므로 흉흉한 소문만 귀를 세우며 물 위를 떠다녔다 목격자에 의하면 송장헤엄치개는 뼈가 투신했던 곳을 가리키고 있었고 물장군은 그날 밤 기억을 지우고 사라졌다 물속에서 부유하던 송사리가 그녀의 치맛단에 숨어들어 새끼를 슬어놓았다 묵비권을 주장하며 입을 열지 않는 미루나무가 파랗게 질려 이파리를 수시로 뒤집을 뿐 봉인된 비밀은 열리지 않았다 산 그림자 길게 내려와 기웃거려 보지만 저수지는 파문만 보여줄 뿐이었다 짐짝처럼 여자를 저수지에 버린 이는 끝내 밝혀지지 않았다

가장 가벼운 의식

한 호흡 뱉고 반 호흡 삼키는
구순(九旬)의 이마에 그림자가 짙어진다
밤새 깨어있는 맥박 농도계가 널뛰고
오목하게 가라앉는 눈자위가 캄캄하다

어둠은 몸 안으로 스며들며 잦은 숨결을 밀어내고
더 이상 물러설 기미가 보이질 않는다
낮과 밤을 바꾸며 걸어도 가닿지 못하는
죽음의 자세는 파랗게 얼룩진다

흘러내린 턱 위에
간신히 벌어진 목구멍이 마지막 인사를 재촉한다
고백과 변명 사이에서 겉돌던 말들은
서로의 혀에서 미끄러지고
몇 번의 가쁜 호흡과 짧은 떨림은 바닥으로 떨어진다

눈길은 다소곳이 문 밖을 향하고
웅크려 있던 허리가 곧게 펴진다

슬픔은 죄가 되어 부풀고
왕래도 없었던 분열의 간격이 물렁해진다

늦은 저녁 요양원 바람벽을 붙잡은 능소화가
화관을 쓰고 붉어지고 있다

양장의 날개

세 평의 땅을 임차했다
내가 누울 자리보다 조금 더 큰 땅이다
돌을 골라내고
경직된 바람을 고르고
봄볕이 입질한 땅의 숨을 고른다
무엇을 심을까?
달빛이 비문으로 쓴 문장을 땅속에 묻고
별의 씨앗을 흩뿌리고
흙을 뒤집고 골을 만들어
상추 가지 토마토를 줄 세워 심는다
계절을 밀고 당기는 사이
웃자라는 여린 잎도 솎아주고
고개 들고 쭈뼛거리는 잡풀도 뽑아준다
장마 다녀간 뒤
빗소리를 감고 있던 뿌리에 두둑을 올려준다
바람의 행간 어디쯤 밑줄을 긋고
내 생의 비밀과 접지를 한다
그렇게 부록이라도 남게 된다면

어느 행성의 조각 하나가 날개를 펴고
반짝일지도 모른다

백련

네게로 자꾸 마음이 기우는 건

노란 잇몸 다 보이도록

활짝 웃는 네 얼굴 때문이야

창백한 그 얼굴

수년 전에 죽은 폐병쟁이 내 사촌을 닮았거든

제2부

상강

목련은 기러기 날아간 곳으로 가지를 뻗고
꽃을 피운다

북국(北國)을 향해 눈뜨는 꽃망울
어둠 찢고 나오는 풋잠

가지 끝,
저 먼 슬픔을 향해 손을 내밀어본다

얼굴만 가물거리는 사람
꽃으로 흘러갈 사람

한 숨결이
한 숨결을 먼발치에 묻고

당신으로부터 사흘 밤낮
돌아선 뒤의 일이었다

장미 정원

꽃잎을 수시로 드나드는 것은 먹구름이다

그녀는 지난봄 꽃샘추위로 가슴을 도려냈다
낮과 밤의 불면으로
담장이 아닌 검은 천에 장미를 심었다

무릎 사이에 낀 장대비
우울은 통증으로부터 자유로워지는 시간

길들지 않는 손끝에서
한 땀 한 땀 줄기를 세운다

나무보다 꽃을 택한 건
나비의 한낮을 불러들이기 위한 그녀만의 술수

바람은 먹구름을 데리고
정원 담장을 넘기도 한다
바늘 끝으로 꽃잎을 말아 올리는

장미, 사색이 붉다

경계를 허물고 가시를 덧댄 꽃에서
불가리안 로즈 향기가 퍼진다

마지막까지 동행했을 바람은
그녀가 벼린 시간을 묵묵히 지나가고 있다

산당화

저 집 귀신은 꽃향기를 좋아한다고
아흔의 요강은 말했다

봄빛을 밀어내는 담장 안엔 지린내가 멈췄고
운명을 비껴간 요강은 창호문에 갇혀
혼자 살았다고 했다

엉겨 붙은 쪽머리 풀어 헤치면
담장 바깥을 훤히 밝히는 산당화가 피었다고 했다

꽃가마 소리 없이 타고 와서
꽃 웃음으로 돌아오는
무명치마 깃 설핏 보이기도 했다

그녀는 요의를 참다가 산당화 그늘 밑에서
무가를 잘근잘근 씹다 뱉었다

하늘이 데려간 목숨을 꽃그늘 신단지에 모셔놓은 집

누군가 잰걸음으로 그 앞을 지나갈 때
붉은빛에 홀릴까봐
길이 먼저 발뒤꿈치를 들고 있었다

산당화 무럭무럭 자라 부적처럼 담장을 넘어올 때
굽은 어깨 몇몇이 삼색 깃발 펄럭이고 있는
대문 안으로 사라진다

사흘 밤낮

목련나무가 상중(喪中)인가 보다

캄캄한 벌이 목련꽃 속으로 들어간다
부고란 봄빛이 죽는 연습을 마치고 꽃무늬를 짜는 일

북극성도 조문을 와서 잠시
목련나무의 몸을 환히 비추기도 했다

먼 길 달려온 딱따구리의 곡소리가 봄밤을 흔들었고
지난겨울 내내 나무 허리춤에 몸을 맡긴
청설모가 눈 비비며 앉았다 갔다

몸 뒤척이는 목련나무
한 잎의 그늘이 하르르 떨어지는 소리가 보인다

바람을 들이고 비를 긋는 구름의 계절이
잠시 몸 뉠 자리도 있었다

>

꽃 진 자리에서 사흘 밤낮 곡소리가 들린다
마지막 뫼 밥을 올리고
산모롱이를 돌아나가는 새떼들도 있다

풋잠을 터는 것은 진흙을 씻는 나무뿌리였다
뒷걸음으로 왔다가 되돌아가는 황사가
사라진 날이기도 했다

기몽
― 암서재

 계곡 건너 암서재에서 글 읽는 소리가 노거수 발치에 쌓이던 밤, 흑립을 눌러 쓰고 강학(講學)하던 사내와 눈 맞아 도명산 자락으로 숨어들었다 달빛은 파천의 계곡물을 팽팽하게 조였고 물결은 피라미 떼를 널뛰게 했다 파랑이는 물기슭에서 귀를 적시던 돌 속에 만 권의 책이 들어 있어 나는 달빛을 끌어와 시를 짓고 비파를 켰다 그의 정인으로 사는 동안 별자리에서 태어난 글은 낮달로 떠올랐고 젖은 손으로 건져 올린 행간은 벼리고 깎이어 바람 소리로 뒹굴었다 계절은 높고 푸르렀으나 절연된 문장은 계곡을 빠져나갔다 어둠 속 짐승들 포효 소리에 놀라 춘절의 기몽에서 깨어보니 이곳 풍경이 눈에 익은 듯 낯설지 않다 누군가 나를 부르는 소리, 뒤돌아보는 순간 마른 입김으로 뿜어대는 소나무 향기가 태곳적 품었던 사내의 살내음인 듯 백년을 하루같이 떠도는 당신

부르다 만 노래

 사내의 몸 안에서 엄나무 가시가 자라고 있었다 구름 따라 늘 떠돌았던 시간 보일러공이었지만 한옥 짓는 곳에서 낮잠 대신 화투 패를 돌렸다 연장통마저 담보로 잡혔고 탈탈 털린 빈 주머니에 찬바람만 가득 집어넣고 집으로 돌아와 누웠다 마당에 심어놓은 회화나무는 죽었지만 그 대신 엄나무는 가시를 키우며 그늘을 넓혀가고 있었다 내 키가 자랄수록 가시 숲은 더욱더 견고해졌다 계절이 바뀔 때마다 새와 바람은 쉽게 그늘에서 쉬어갔지만 나는 새의 울음이 멈춘 곳에서 으스름 밀려오는 소리를 들었다 달이 가시에 찔리는 밤 그는 불면증 앓는 날이 많아졌고 점점 몸 안에 가시들이 자라면서 아무것도 먹지 못했다 나무줄기를 세우고 볕을 끌어들였지만 암이 그를 다스린다는 풍문이 있을 뿐 끝내 부르다 만 노래는 가시 숲이 키우고 있었다

버드나무 미용실

왕송저수지엔 버드나무 미용실이 있다
눈썹 노랗게 뜬 여자가 머리 염색을 하고 있다
봄빛이 빗질하는 소리가 가느다랗게 들린다

어둡고 높고 낮은 미용실
여린 버드나무 여자가 온종일 파마를 만다
물풀 사이에서 악몽을 빨아먹고 사는 장구애비와
등판에 딥블루씨 컬러를 새긴 물방개도 나와 있다
봄비보다 먼저 태어난 소금쟁이
그림자 더 흐려지도록 다리를 흔들고 있다

물결무늬는 물의 귀가 아닐까
온 동네 소문을 몰고 오는 바람이
버드나무 미용실 속으로 들어간다
뿌리에 새겼던 건조한 계절이
그들만의 수다로 봄볕에 늘어진다

초록으로 물드는 저수지의 저녁

미용실 여자는 어둠의 귀밑머리를 자른다
이따금 그림자를 면도하는 별자리도 보였다
물결에 몸을 맡겨야만 탄력을 가질 것들
비늘과 아가미를 가졌다

버드나무 줄기에서 다시 태어나는 건
봄이라는 미용실이지만
그 안에서는 버려야 할 것과
잘라야 할 것들이 봄날을 채운다

오색딱따구리의 무덤

 오래전부터 그의 몸속엔 망치 하나가 있었다 발톱을 수피에 걸고 허공을 뚫는 일이 가장 어려워 망치가 여러 번 부러졌다고 했다 딱따구리가 파낸 나무 조각이 몸 밖으로 나오지 못하고 뿌리 깊은 곳으로 쌓여 병이 들었다고 했다 새 한 마리가 뚫어놓은 허공이 너무 많아 기둥은 비어가고 수직으로 뻗어가는 잔가지만 병든 그를 지켜본다고 했다

 진맥을 짚는 한의사는 그의 몸 구석구석 딱따구리가 파놓은 구멍을 찾기 시작했다 그 구멍을 막으려면 중국 라오산 도교 사원 뜰에 있는 칠백 년 된 측백나무 잎으로 침을 맞아야 한다고 했다 잔기침이 목까지 차올라 입술에 물집이 생기면 칭다오 바위산에서 자라는 용머리 느릅나무 뿌리를 삶아 마셔야 한다고 했다

 전생의 별자리를 본다는 점술가는 딱따구리가 파놓은 구멍에 꼬리 달린 좀벌레를 넣고 부리로 그림을 그린 부적을 붙이면 병이 나을 거라고 했다

>

 그믐밤, 그는 사람들의 눈을 피해 라오산에서 몰래 따온 측백나무 잎으로 침을 맞고 뿌리 삶은 물을 마시기 시작했다 그때 달이 깔고 앉았던 별이 서쪽에서 동쪽으로 날아가는 것이 보였다 보름달이 뜨는 날이면 어두웠던 그의 얼굴은 조금씩 화색이 돌았고 딱따구리가 쌓아놓은 나무 무덤에서 어린 가지가 보이기 시작했다

이마가 흰 기러기

훌렁훌렁 울음을 벗어던지는 기러기

빗소리로 날아온다

그때마다 외할머니는 시집올 때 입었던 옷을 입고

창틀에 귀를 기울이며 북쪽을 생각한다

속에 쟁인 울음 곱씹을수록

쇠심줄보다 질긴 가락이 되는지

방언으로 쏟아내는 넋두리는 노래가 된다

처마 끝, 콩 꼬투리 갈라지듯 들리는 울음

가을밤을 더 시리게 한다

\>

첫서리와 달을 뚫고 북국으로 날아가는 날갯짓 소리

잊어서는 안 된다고

날지 못하는 기러기와 날아가는 기러기 모두

풍향계를 높이 치켜세운다

연못이 평화로운 이유

 물고기 입들이 뻐끔거리고 있다 공기방울을 뱉고 있다 주둥이에 수염 달린 것들이 무언가 자꾸만 빨아들이고 있다 저녁이 흘러간다 저만치 아이가 뻥튀기를 연못에 던지고 있다 우르르 몰려가는 것들 새카맣다 뱀 같기도 하고 한 뭉텅이로 떠다니는 먹구름 같기도 하다 연못을 키우는 것은 연꽃이 아니고 저것들이다 저것은 한때 중국 도주공이 사육한 수염 달린 동물이었다가 먹이를 구하러 물 위를 날아다니는 날치였다가 어느 은둔자를 닮은 잉어가 되기도 한다 물속이 평화로운 건 지느러미와 물결이 공존의 방법을 터득했기 때문이다 입을 뻐끔거리며 숨을 고르는 것들 수면 아래서 물결을 부드럽게 받아넘긴다 꼬리지느러미에 연꽃잎이 묻어 있다

담쟁이 기도문

담쟁이넝쿨 두꺼운 손이
십자가 그려진 담벼락을 붙잡고
수년째 벽화를 그리고 있다

바람의 방향에 따라
표정이 달라지는 붉은 벽

오늘은 벙어리 수녀가 들어왔다
히브리어처럼 침묵하는
담쟁이 이파리들

성호를 긋고 정령의 제단 아래로
죄 지은 자들이 몰려온다

잎과 잎 사이
밤마다 별이 숨어들어 기도문을 읽는다

천궁

골목을 내딛는 왼발이 그림자를 질질 끌 때
텃밭에 심은 천궁은 낮달을 움켜쥐고 있었다

벼락 치던 날 거풍으로 쓰러진 사내를 일으켜 세우려
그의 어머니는 뿌리가 드러난 천궁에 흙을 덮는다
곤두선 혀로 천궁이라 되뇌면
입 안으로 천둥이 살아서 꿈틀거렸다

사내는 지금 머릿속을 돌아 나오는
천둥을 맞고 싶은 걸까
그것도 아니라면 벼락 맞아 한 면을 다시
뻘겋게 태워버리고 싶은 것일까
천둥을 삼킨 사내는 오랫동안 휘청거렸다

새카맣게 타버린 가슴속으로 뿌리가 자라서
치명적인 천둥의 순간이 다시 올까 봐
어머니는 뿌리에 벼락을 모아두었다고 한다

한없이 풀려나오는 한숨
굳은 다리 어루만지는 동안 빗방울 굵어지고
강물 뒤척이게 하는 천궁 뿌리가
밭고랑 사이에서 길을 내고 있다

곡선의 기억

침묵에 눌린 불안이
침대 바닥으로 구르는 근전도 검사실

신경세포마다 컴퓨터 회로가 꽂혀 있다
몸 안으로 숨어드는 촉수의 뿌리를 찾아
수취인 불명 편지에 소인 찍듯
전신을 돌아가며 긴 터널을 지나고 있다

기억을 더듬는 궤적마다
어둠이 따라붙어 쉽게 기록되지 않는다

각을 세웠던 어깨의 통점을
무심히 찌르고 가는 회로
칼날만큼 예리하다
그렁그렁한 눈이 벽을 더듬는 동안

공포의 예감은 누군가 사라진 흔적을 뒤쫓게 하고
불안은 여전히

제 몸 두께만큼 무거운 적막을 낳는다

심장이 솟구칠 때마다 밤을 신봉하여
빛을 잃어버린 뿌리

헛발 딛는 회로가 낯선 고도표로 굽이치고
건너편 암 병동 유리벽에 갇힌
종려나무가 희미하게 흔들리고 있다

암각화를 그린 여우

 꽃길만 걷게 해주겠다는 늑대의 감언이설에 여우는 젓가락 두 쌍과 밥그릇 두 벌만 가지고 발정 난 늑대와 살림을 차렸다 늑대는 간지러운 귀엣말로 여우를 길들이기 시작했고 낭만적 사랑이 습관처럼 익숙해질 무렵, 늑대는 발톱을 세우기 시작했다 보름달이 떠오를 때마다 뒷산 바위에 올라 컹컹 짖어댔다 늑대가 프리지아 향기에 취해 외박이 잦자 여우는 꼬리를 드러내놓고 늑대 얼굴을 할퀴었다 어느 날부터 비는 꽃길로 와서 가시밭길로 흘렀고 해는 날것으로 와서 저물도록 동굴 입구만 맴돌았다 입구도 출구도 없는 동굴에서 여우는 매일 밤 벽에 빗살무늬를 그리기 시작했다

제3부

허물

뱀이 벗어놓고 간 허물 위로 눈이 내린다

주검을 본 것도 아닌데
눈만 더 또렷해진다

부드러운 독

모난 몸피를 돌려 깎는다
상처 난 부위를 살살 도려낸다
한입 크기로 저미려는데
손아귀에서 재빠르게 미끄러진다
빈손에 끈적끈적 달라붙는 감촉이 부드럽다

쌉쌀한 날씨에 저녁거리로 선택한 토란국
이파리에 이슬 고이면
새침하게 털어내는 토란잎 일대기를 생각하다가
엇갈린 인연 골똘하게 떠올린다

확, 달려드는 가려움증
손등을 타고 올라온다
깜빡 잊었다
토란 알에는 독성이 있다는 것을
지워지지 않는 독이 고통으로 남는다

저 부드러움을 사랑한 적 있다

>

한 사내가 가져다준 독한 사랑으로
생의 열꽃 피워낸 적 있다

가끔 불쑥 도지는 부드럽고 달콤했던 사랑
붉은 독성으로 돋아 온몸 가려울 때가 있다

복사꽃 평전

봄만 되면 뜨겁게 웃는 여자들이 있지
뭇 남자들로부터 꽃으로 보이고 싶어 웃고 있는 거야
저렇게 실실 웃음 흘리는 건
꽃망울 간질이는 동풍 때문이라고 해
저 물오른 춤사위는 천기가 뱉어낸 도화살 때문인지도 몰라
사내들 속마음을 꿰뚫어볼 수 있는 천문살까지 타고났으니
제 몸에 새긴 미학적 문장력은 천성인 게지
이 봄날,
가슴 풀어헤친 복사꽃 앞에서 얼굴 붉어지는 걸 보니
분명 내 안에도
꼬리 아홉 달린 여우 한 마리 살지 싶어

물총새의 저녁

포말들이 얼음 등뼈로 일어섰다
바람은 낮고 어두운 곳으로부터 들려오는
숨결에 먼저 귀 기울인다
수면 아래 생을 포기할 수 없는 호흡이
바람 부는 쪽으로 쏠리자
삭풍이 비린 것들의 숨결을 먼저 구부린다
절정을 꿈꾸던 한 시절이
날카롭게 드러나는 체위
짧은 빛이 반짝이다 사라진다
물밑 수많은 심장이 모여 등을 세운 감정은
먼 행성과 부딪쳐서 생겨난 상처
이곳엔 부리가 부러진 물총새의 저녁도 들어 있고
만삭의 달을 꿀꺽 삼킨 이무기도 살고 있다
허공에 날 세우는 숨결이 무성해질수록
수면 위엔 얼음꽃이 핀다
얼음꽃이 아름다운 건
새의 눈물이 깃들어 있기 때문이다

뱀딸기

그곳에 가면 뱀이 나온다고 했다
독이 있으니 먹으면 안 된다고
할머니 주름 접힌 잔소리가 어린 귀를 잡아당겼다

아무리 많이 먹어도 배부르지 않고
한바탕 뛰어놀고 나면
먹을 것밖에 생각나지 않던 시절이었다

유월 볕에 푸른 힘줄 뻗으며 땅 위를 기어가다
바닥의 통증까지 움켜쥐고
뿌리내린 뱀딸기
터질 듯 부풀어 오른 붉은 과육의 유혹이
허기진 입맛을 사로잡았다

망설임 없이 뱀딸기 따먹는 순간
어디선가 나를 쨰려보는 차갑고 날카로운 눈빛

그 후 뱀딸기 어린 줄기만 보아도

오래전부터 달팽이관에 들어앉아 있던
주름 접힌 잔소리가 튀어나온다

그곳에 가면 뱀이 나온다고 했다

낮달 2

벌건 대낮에
조등이 걸렸다

나보다 세 살 어린
덕칠 아제가
먼 길 가는 날이다

한밤중

가로등 불빛을 물속에 들여앉혀 놓고
수련이 꽃을 피워냈다는 소문이 돌았다

물밑에도 바람 부는 날이 잦았다
여름 내내 뿌리내리지 못한 것들은
밤마다 바닥을 긁으며 마디를 키웠다

빗소리마저 흉흉했다
물고기들은 가장 짧은 호흡으로
소문을 건너가야 했다

영문도 모른 채
수면 위로 떠오른 파장에
목 짧은 물닭이 끌려갔다

일일

꽁꽁 언 두 손에
방금 낳은 새알을 공손하게 떠받들듯
가지런히 모은 손

숫자가 적힌 공을 쥐고 일자리 순서를 기다리는 허름한 작업복들
일일 취업안내소 간이의자에 앉아 있다

수시로 눈꺼풀이 내려앉는데도 손은 계속 움직이고 있다 전화벨 소리가 정적을 깨우자 공을 쥐고 있던 손장갑들이 한곳으로 쏠린다

호명된 몇몇 작업복들이 문 밖으로 날아가고 남겨진 손들이 감싸 쥔 공은 오늘의 목록에서 삭제된다

일용할 양식은 한 모금의 담배 연기로 사라지고 빈속에 마신 커피가 독했는지 비틀거리며 흩어지는 새떼들

〉

  여분의 속옷과 라면에 말아먹을 식은 밥이 그 뒤를 따라가고 있다

나문재*

  갯벌에 버려진 여자 멍든 발목으로 봄 바다를 향해 가고 있다 해풍 몰아쳤던 다음날 사내가 먼 바다로 사라지자 그녀의 여름은 발등부터 붉어지기 시작했다 눈뜬 씨앗을 품고 보폭을 넓혀가도 만조선에 닿을 수 없는 바다를 놓친 여자, 하루에도 몇 번씩 수평선에 닿는 꿈을 꾼다 달의 기울기로 물결을 가를 때마다 갈라진 갯벌 사이로 일몰을 가두기도 했지만 바람은 비릿한 물결 대신 발목 사이로 짠내만 흘러보냈다 그런 날은 스스로 삼킨 염천으로 그녀의 몸은 서쪽으로 이울었다 만월이 갯가에 둘레를 치는 날 물숨에 젖은 그림자 하나 가을 폐염전 속으로 걸어가고 있다

---

*나문재: 우리나라 서해안 바닷가와 제주도 해변에서 나는 한해살이 염생식물.

올빼미

날개를 몸 안으로 말아 넣은
저쪽 눈과 이쪽 눈이 한 시간째 같은 방향이다

표적을 보는 순간에도 부리는 움직임이 없다

비바람에 날갯죽지가 젖을수록
부리로 써야 하는 문장은 윤곽이 또렷해진다

허기와 침묵으로 생긴 간극
굵은 빗줄기가 모여 시야를 가린다

지척에 두고 닿지 못하는 나의 문장이 캄캄할수록
너는 점점 환해지고

옥상

가을볕 소복이 쌓이는 옥상 빨랫줄에

중풍 맞은 노인이 낡은 스웨터를 널고 있다

헐렁한 왼팔을 허리춤에 끼워 넣고 어깨 추스르며

구부정한 등줄기 몇 번이고 들썩거린다

젖은 스웨터에서 물방울 떨어지자

출렁, 팔 하나가 흘러내린다

잠시 근심이 떠올랐다 사라지는 노인의 얼굴

가을바람이 달려와 한 팔이 빠져나간 빈손을 흔들어본다

시나브로 가벼워지는 꽃무늬 스웨터

〉

물먹은 꽃들이 모가지를 쳐들기 시작한다

옥상에 살던 바람이 지루한 오후를 흔들고 있다

항아리 거울

어스름이 착란을 일으킬 때
항아리 속 고인 물에
쥐똥나무 울타리가 숭숭 뚫린 집이 잠겨 있다

헛청에 걸린 호미 언제 콩밭을 매고 왔는지
흙이 말라 있고
쪽마루에는 목침이 굴러다닌다

분유 캔에 방을 들인 봉선화 위로
부전나비가 발자국을 찍는 오후
뒷산 뻐꾸기 소리가 빈 쌀독에서 운다

찌르레기 울음소리가 항아리 속 물거울을 두드리자
누군가 몸 뒤척이는 소리 들린다

제비꽃

산정묘지 돌아 나오는 바람결에 이름 지워지는
비신(碑身) 앞

몰래 무릎 꿇고

기도하는 꽃

아주 심기

구름장을 머리에 이고
텃밭에 파종한 들깨모종 아주 심기를 한다

한 뼘 길이의 모종 세 포기를 그러쥐고
한 포기는 새의 먹이로
또 한 포기는 자연의 몫으로
마지막 한 포기는 나의 몫으로 뭉쳐서 심는다

살던 터를 옮겨 몸살 앓을 것 같아
유월 볕이 누워 있는 두둑에 눕혀
흙을 잎사귀 목까지 덮어준다

장마철 빗소리에 귀를 막고
뿌리내린 들깨
내 무릎까지 자라자 속대를 잘라준다
가지가 뻗어나가도록 하늘 길을 열어준다

할머니는 부모 없이 자라는 내게

종종 싸리 매를 들었다
깊게 뿌리내리지 못하고
웃자라는 손녀가 가여워
제때 순지르기를 하지 못했기 때문이다

꽃들의 행진

매화꽃 따라 봄빛 걸어 나오면

아지랑이 아물거리는 비알밭 끝자락으로 산수유꽃 피고

재활용센터 울타리를 밟고 개나리꽃 핀다

홍타령 중모리장단으로 마을회관 화단에 목련꽃 필 때

앞산 밤나무 아래 외할머니 묏등에 자주제비꽃 피고

우리 집 마당귀에 무릎 꿇은 민들레, 노랗게 질려 있다

가난을 등에 업고 도시로 떠난 순이네 뒤뜰에서

조, 팝, 꽃 피었다 지면

내 발치 끝으로 여름이 오고 있다

제4부

산벚나무

중동이 꺾인 채 썩어가는 산벚나무
우묵한 몸통에서 자라고 있는 단풍나무 팥배나무를
새끼 보듬듯
품에 안고 햇살을 떠먹이고 있다

제 육신을 거름으로 내주고 있는 저 헌신
산벚나무 밑동에 벌레들이 모여든다

그늘이 접혔다 펴지고
나무 겨드랑이에 오래 감겼던 골바람을
술술 풀어내는 오후 풍경 속에서

나는 아프리카 오지에서 목숨을 바친
한 신부의 가난을 떠올린다

들숨 날숨으로 붐비는 숲속
봄들이 가만가만 걸어 들어간다

환지통

작두가 삼킨 것엔 벼락이 묻어 있다

상처 입은 짐승과 배곯은 짐승은
손끝에서 흐르는 핏빛을 바라보며
눈만 깜빡일 뿐 표정이 없다

황소의 검은 눈 속에서 비틀거리는 남자
작대기를 들고 사라진 마디를 찾는다
등 뒤에서 돌 찧는 쇳소리가 난다

쏟아지는 울음과 삼키려는 울음이
저녁을 오래 붙들고 있다

통증은 무럭무럭 자라고
손마디는 자라지 않아
모서리에 자주 부딪쳤다

쇠죽 끓이는 분분한 저녁

어린 것들 살 오르는 소리 깊어지면
취기 가득한 골목은
불안을 부풀리는 날이 잦았다

계절이 여러 번 바뀌는 동안
벼락은 끝내 마디를 품고 내놓지 않았다

수문 밖 풍경

저수지 수문이 열린다
고여 있던 물의 감정들 눈부신 파편으로 뛰어내린다

날 선 바람 물줄기를 잡고 거칠게 휘몰아치자
물비린내가 달려든다

백로 한 마리,
수문 아래 자리를 잡고
물에 쓸려가는 먹이를 노린다

꼼꼼하게 물의 표정을 읽는 긴 주둥이

유속은 빨라진다
부리가 낚아채는 것은 물소리뿐
물밑으로 사라지는 먹잇감을 바라보는 백로

목덜미가 유난히 가늘어 보인다

월담

담장 밑 꽃그늘에 터를 잡은 이웃 진돗개
제 영역으로 넘어오는
개나리를 보고 컹컹 짖는다

좌충우돌 땅을 박차고 뛰어올라
허공에 몸 던지기를 수십 번

햇살 담긴 개밥그릇에
진돗개의 가쁜 숨만 둥둥 떠다닌다

은근슬쩍 시치미 떼고
개집 지붕을 내려밟는 개나리
노란 꼬리를 흔든다

게워내는 꽃들이 환하다

장다리꽃

비알밭
속대 겉대 잘려 나간
배추꼬랑이가 장다리꽃을 피워 올렸다

겨우내 시린 발로 건너와
노란 물감 울컥울컥
게워내는 모가지가 긴 봄

자식 넷을 키운
어머니 쭈그렁 젖처럼
속대 겉대 다 내어주고
쪼그라든 배추꼬랑이
빈 젖을 물린다

어디서 날아왔는지 배추흰나비
한들거리는 장다리꽃에 앉아 젖을 빤다

오래도록 쪼그리고 앉아 그 꽃을 들여다본다

\>

봄을 밀고 올라온 꽃 대궁에
눈뜬 씨앗들이 모여 있다

싸리나무가 있는 방

테두리 하얀 달이 창을 넘어온 방이었다

싸리나무가 이른 새벽부터
패를 돌리며 하루를 점친다
불면을 깎으며 침대 모서리에 앉아
오동 피, 광박을 내고 따닥으로 쌍피를 흔들어도
끗수 없는 생

그녀의 입술엔
물집 잡힌 싸리꽃이 무성하다

오늘도 흔들리는 것은 조명이 아니라
패를 뒤집는 사월의 손목이다
요양원 창틀에 여름이 도착해도
독박 쓴 칠십 년의 기억은 돌아오지 않는다

믿을 수 없는 건 오동 피 갈바람이 불어도
여전히 그 방에서는 싸리꽃 지지 않고

패가 돌아가고 있다

그녀의 방문을 열면 싸리꽃 향기가 달라붙어
지상에서 길을 놓친 날이 잦았었다

꽃향기에 담겨 있는 싸리나무 방문 앞
해만 자꾸 미끄러지고 있다

박꽃

잇몸 드러내놓고 웃던 박꽃

어스름 자늑자늑 씹으며
한여름 이겨내고

숙자네 지붕 위
낮달로 떠올랐다

거뭇한 수염 나기 시작한
내 사촌과 야반도주한 숙자
아이 셋 데리고
죽은 아비를 찾아왔다

땡볕에 오그라든 박꽃처럼
엎드려 흐느끼는 등 뒤로
조롱조롱 어린 박들이 반짝이고 있다

자웅동주

누구일까?

첫눈 내리는 소리 들으며
맨살 돌돌 말았다 펴는

서로 드잡이하듯
암수한그루 여린 줄기로 갈라지는

때늦은 시절 잊은 채
햇볕 한 움큼 그러쥐고
제 그림자 밟고 가는

무작위로 게워낸 꽃망울
기우뚱거리며

화분 속 파키라 가지에
몸 칭칭 감으며 발 내딛는

옥녀개각혈
― 여근곡

 두 개의 용맥이 숱 많은 여자의 거웃 같다 가장 깊숙한 숲길을 헤치고 들어가 소복한 둔덕에 서 있는 송림을 마주하고 있다 공알처럼 생긴 바위 아래 수만 마리 은어가 옥문에서 지느러미를 키우고 있다

 이곳은 한때 전적으로 소란스러웠다 화랑의 기개로 활시위를 당겼을 호걸의 뒷모습이 자꾸 어른거린다 수풀 우거지는 봄 잡목 베어낼 때마다 동네 여자들 바람났다는 구술에 옥문의 은어 떼들이 절 마당에 있는 남근석을 에워쌌다고 한다 남근이 여근에 들어 군사를 전멸시켰다는 음기가 강한 이곳,

 밤꽃 향기 무르익어가는 그 저녁
 사신사가 갖춰진 옥문에 들어 달 비린내 담긴 옥수로 몸을 씻고
 가장 잘생긴 현자와
 백자천손 이어갈 아이를 잉태하고
 전설 속 선덕 어미로 다시 태어나고 싶다

\>

나, 여근곡에 들거든
아무도 내 발자취 뒤쫓지 마라

애기똥풀꽃

   소나무 그늘이 깊은 구릉을 오르면 작은 돌무덤이 있다

   태어난 지 삼칠일이 되도록 노란 똥물만 지리다가 죽은 아기의 무덤이다

   엄마 젖에 볼만 비벼대다 울며 잠들었던 아기

   해 뜨기 전 무명천에 쌓여서야 짧은 숨소리를 내려놓는다

   젖이 불어 흘러내릴 때마다 새벽이슬 밟으며 찾아가는 곳

   길섶에 버려진 돌 하나 주워 무덤에 얹어주던 것이 지금의 돌무덤이 되었다

   봄볕 앉았다 간 자리에 노랗게 눈뜬 애기똥풀꽃

   돌 틈에 발끝 세우고 무리 지어 피어 있다

〉

젖비린내 나는 엄마의 가슴 파고들듯

모시나비 한 마리가 꽃술에 입술을 적시자

까르르 까르르 배냇짓하며 웃는 씨아똥

꽃사태

봄의 문설주 너머

왈칵,
무리 지어 피는 제비꽃

주검 발치에 제 몸 끌어다 바닥을 덮는다
자줏빛 절정으로 뱉어낸 선율을 밟고
지상 한쪽을 밝히는 사이

누군가 말을 걸어오듯
막 깨어난 눈빛으로 꽃들은 피기 시작한다

가만가만 접힌 꽃 모서리를 꿈결인 양 바라본다

바람결에 지워지는 그 이름만으로도
가슴이 요동쳤으므로
나는 길을 잃고 말았다

산책

봄볕을 따라
반려견과 함께

뛰다가
걷다가
뛰다가

낯선 발소리에 놀라 두 귀 쫑긋 세우고
멈칫, 뒤돌아본다
목줄을 잡고 뒤따라가던
나도 뒤돌아본다

하, 거기
춘삼월 햇빛에 들뜬 홍매화 꽃봉오리가
시시덕거리며 웃고 있다
잇몸 드러내놓고 서로 간지럼 태우며 웃고 있다

미리 온 봄이 박장대소하고 있다

튤립은 피고

궁기의 눈빛이 창틀을 넘을 때
튤립은 빗소리를 끌어다 향기를 덮는다

몸에서 떨어져 나간 두 귀
기억을 곧추세우고
모은 손을 핥고 있는 들고양이

사라진 귀는 고양이를 뒤쫓던 자의 흔적이다

꽃잎 도려내듯
누가 고양이의 소리를 가볍게 도려냈을까
허기의 유혹으로 자궁을 잃은 밤

달팽이관에 들어앉은
단단한 소리를 굴리는 동안
한 번도 가져본 적 없는 뿔이 돋았다

두런두런 튤립은 피고

사방천지에서 달려드는
토막 난 소리는 모두 어디로 숨었을까

물소리에 귀를 씻는 일은 저녁의 여울이 되고
고양이는 입 안의 비린내를 감추고
눈동자 속에 나를 가둔다

물방울의 기원

교회 울타리에 층층이 들어선 물방울 집
무지개가 떴다

물방울 속 문을 열고 들어가면
낡은 연립 비바체 창문이
느리게 열렸다 닫히고

애기단풍에서 파닥거리던 새가
잠시 들어와 앉았다 간다

물오른 호박꽃이 갸우뚱
고개 들고 올려다봐야 보이는

울타리 옆으로 층수를 올리는 아파트
분양 현수막이 출렁거린다

물방울에 갇힌 하늘문교회가
십자가를 두르고

집 한 채 들이고 싶은 기도 소리가
문 밖으로 흘러나온다

저녁의 입술

저녁이 오는 동안
나팔꽃 수런거림이 귓속을 가득 채운다

낯선 언어가 방언처럼 쏟아지고 있다
응축된 메타포를 뱉어내고 있다

저녁을 건너가야 하는
꽃들의 입술이
은유로 빛나고 있다

해설

탈주하는 은유의 힘
— 이인 시집 『당신으로부터 사흘 밤낮』 읽기

오민석(문학평론가·단국대 교수)

1.

이 시집에 실린 근 60편에 가까운 시들 중, 단 두 편을 제외하고 나머지 모든 시의 제목이 명사형이다. 명사는 랑그(langue)의 지시로 사물에 '개념'을 부여한다. 그러나 개념은 실물의 무한한 변화와 생성을 포착하지 못한다. 실물은 멈춰 있지 않으며 개념으로 포착할 수 있는 동일성을 가지고 있지 않다. 그러므로 개념은 무한 생성의 실물에 가해진 랑그의 폭력이다. 이인 시인은 이렇게 기표로 개념화되고 단일화된 사물의 의미를 해방한다. 그는 명사를 무수히 다른 기표들로 환치함으로써 개념이 강요한 동일성에 구멍을 낸다. 사물의 이름을 다른 이름으로 바꾸는 것은 은유이다. 말하자면 그는 사물에 대한 은유인 명사를 다시 은유함으로써 의미를 끝없이 흐르게 한다. 이 탈주하는 은유의 힘이야말로 이인 언어의 힘이다. 이인은 기표와 실물 사이의 공백에 유의하며, 그 빈틈을 파고 들어가 기표가 개념의 그물에 포획되지 않도록 한다. 그는 기표가 개념에 갇히기 전에 그것의 다의성(multiplicity)을 풀어놓고, 이미 개념에 갇힌 기표에 다른 개념을 부여함으로써 동일성을 해체한다. 그가 유독 명사형의 제목에 몰두하는 것은 바로 이런 이유 때문이다.

> 동박새가 유두처럼 생긴 꽃봉오리 쪼아대는 한낮
> 동백 숲에 드니
> 산도(産道) 열고 순풍순풍 붉은 꽃 피어나는
> 오랜 수령의 동백나무에서
> 피, 비린내가 난다
>
> 한 달에 한 번씩 꽉 차오르는 아랫배 움켜쥐고
> 붉은 혈 질펀하게 쏟아내야 가벼웠던 몸
> 자식 둘을 낳고 이제는 자궁 문이 닫히는 중이다
>
> …중략…
>
> 동박새 앉았다 간 나뭇가지

낭창낭창 휘어진다

춘정에 못 이긴 꽃 모가지 우수수 떨어진다

저 흥건하게 젖은 붉은 혈 서럽도록 화사하다

달빛 환하게 내려앉는 밤

나, 거기 동백 숲에 들어 발정 난 동박, 동박새와

한 열흘쯤 몸을 섞다

덜컹, 애라도 밴다면

완강하게 달려드는 갱년기 견딜 만하겠다

—「동박, 동백꽃」부분

  이 시에서 늙은 동백나무는 폐경을 맞이하는 화자의 몸과 유비(類比)된다. 동백의 붉은 꽃은 달거리의 "피"로, "발정 난 동박"은 (여성화된) 동백의 연인으로 환치된다. 늙은 동백나무는 늙어도 폐경이 되지 않고 "피, 비린내" 같은 꽃을 피운다. 동백나무와 동박새의 사랑놀이를 바라보는 화자는 자신을 동백나무와 동일시하며 동박새와 "몸을 섞"는 상상을 한다. 이렇게 동백과 동박은 식물/동물로서의 고정된 개념에 구멍이 뚫리면서 화자의 몸, 그리고 욕망과 뒤섞인다. 시인의 이런 작업은 랑그의 체계가 부여하는 의미에 대한 시인의 무의식적 회의를 보여준다. 시인은 상징계(the Symbolic)가 대상을 재현하는 편리한 수단이 아니라, 폭력적 개념화, 범주화, 영토화의 체계임을 본능적으로 인지하고 있다. 예술가들은 저마다 자신이 사용하는 질료에 대하여 민감한 태도를 견지한다. 질료에 대한 자의식이 없는 자는 예술가가 아니다. 언어에 대한 자의식이 없는 사람을 우리는 시인이나 작가라 부르지 않는다. 시인은 (이론이 아닐지라도) 무의식적으로 그리고 감각적으로 상징계의 폭력을 감지하고 그것에 저항하는 자이다. 이인 시인은 특히 이런 작업에 매우 예민한 안테나를 가지고 있다. 그는 랑그의 세계에서 통용되는 의미들을 지우고 그 자리를 자신의 의미로 채운다. 이 '채워넣기', '대체하기(supplement 자크 데리다)'에 의해 단어는, 기호는, 기표는, 정지 혹은 정주(定住)하지 않고 의미의 산탄(散彈)을 날리며 탈주하는 기관차가 된다. 기관차는 (시인에 따라) 저마다 다른 노선(路線)을 갖는다. 이인 시인은 주로 몸의 쇠락, 병, 죽음, 소멸이라는 존재의 회피 불가능한 정거장들을 지나간다. 그리하여 의미의 회로를 달리면서 "모든 죽어가는 것"(윤동주, 「서시」)들에 대한 연민과 사랑의 헌사를 흩뿌린다.

2.

이인 시인의 시선이 '모든 죽어가는 것', 즉 존재의 종말에가 있다는 것은 그가 처음부터 세계의 본질과 '맞짱' 뜨고 있다는 증거이다. 그는 사소한 모든 것들을 넘어 존재의 '깊은 속'으로 바로 들어간다. 그 모든 수치와 자랑과 쾌락과 보람도 결국은 '사라짐'의 운명 앞에서 무력하다. 그러므로 존재에 대한 올바른 사유의 닻은 존재의 중간이 아니라 끝에 가 있어야 한다. 누구도 회피할 수 없는 그 종말의 별빛으로 존재를 되비출 때, 존재는 현재에 멈추지 않고, 현재이며 과거이고, 과거이며 동시에 미래인 시간의 공집합 안으로 들어온다. '사라짐'의 실루엣 없이 어떻게 '있음'을 이야기할 수 있는가. '사라짐'의 미래를 놓고 현재를 들여다볼 때, 현재는 정물(靜物)이 아니라 움직이며 생성하고 변화하는 시간이 된다. 이렇게 대상의 화석화를 거부할 때, 끝없는 '흐름'으로서의 인간과 세계가 드러난다.

늙은 감나무 빈집을 내려다보고 있다

흙벽 떨어져 나간 토방 앞
들고양이 배 깔고 자울자울 졸고
댓돌 위 다 해진 검정 고무신 한 짝 누워 있다

문턱이 다 닳도록 드나들던 안방 방문 위
윗대서부터 내려왔다는 가훈이
비딱하게 걸려 있다

여름 한철 국수를 밀던 밀대는
부뚜막을 굴러다니고
녹슨 가마솥에는 거미들이 집을 짓고 있다

빈손으로 허공만 더듬거리던 바람
마당귀, 저 홀로 피어 만삭이 된
봉숭아꽃 씨방을 만지작거리고
나비는 문 열린 빈집을 제 집처럼 드나든다

붉은 굴뚝을 기어오르는 담쟁이넝쿨
그늘 넓히느라 하루가 짧다
숨소리조차 들리지 않던 집
불쑥 대문을 밀고 들어올 것 같은 사람이 그리워
집이 운다

땡감 매달고 있는 감나무 가지 끝
귀 닮은 낮달이 걸려 있다

─「집이 운다」 전문

  이 시는 이 시집의 전체 이미지를 요약할 만한 큰 풍경을 담고 있다. 그러므로 여기에서의 "집"은 단순한 건축물이 아니라, 존재 그 자체로 읽어도 된다. 감나무, 들고양이, 검정 고무신, 가훈, 국수, 가마솥, 거미, 봉숭아꽃, 나비, 담쟁이넝쿨, 대문, 사람 등은 존재를 구성하는 최소 단위, 즉 존재소(存在素)들이다. 존재는 이런 존재소들의 다양한 선택과 배열로 결정된다. 그러나 그 존재소들이 형태를 바꾸며 지속되는 것에 반하여, 그것의 결합체인 존재는 항상 소멸을 향해 있다. 이 시는 존재소들의 한 집합인 어떤 "집"의 쇠락, 무너짐, 사라짐의 쓸쓸한 풍경을 그리고 있다. 이런 은유가 설득력이 있는 것은, 모든 '집', 즉 모든 존재가 결국은 낡아 무너짐의 보편성을 가지고 있기 때문이다. 현재를 영원히 고정된 시간으로 착각하는 자들에게는 이런 적멸의 운명이 보이지 않는다. 최종 도착지, 즉 터미널에 대한 사유 없이 중간 정거장의 의미는 성취되지 않는다. 이 시집의 절반 이상의 시들 속에서 우리는 이와 같은 존재의 종점을 만난다. 그것들은 각기 다른 화성(和聲)으로 울려 퍼지지만, 유한한 존재들에 대한 만가(輓歌 elegy)라는 점에서 (음악으로 말하자면) 일종의 푸가(fuga) 형식을 닮았다.

목련나무가 상중(喪中)인가 보다

캄캄한 벌이 목련꽃 속으로 들어간다
부고란 봄빛이 죽는 연습을 마치고 꽃무늬를 짜는 일

북극성도 조문을 와서 잠시
목련나무의 몸을 환히 비추기도 했다

먼 길 달려온 딱따구리의 곡소리가 봄밤을 흔들었고
지난겨울 내내 나무 허리춤에 몸을 맡긴
청설모가 눈 비비며 앉았다 갔다

몸 뒤척이는 목련나무
한 잎의 그늘이 하르르 떨어지는 소리가 보인다

바람을 들이고 비를 긋는 구름의 계절이
잠시 몸 뉠 자리도 있었다

꽃 진 자리에서 사흘 밤낮 곡소리가 들린다
마지막 뫼 밥을 올리고
산모롱이를 돌아나가는 새떼들도 있다

—「사흘 밤낮」 부분

 이 시집의 제목 『당신으로부터 사흘 밤낮』 일부가 차용된 ("사흘 밤낮") 이 작품에서도 시인은 죽음을 이야기하고 있다. 시인은 목련나무에서 화사한 봄을 읽는 대신 "상중(喪中)"의 "곡소리"를 듣는다. 시인은 존재의 시작이나 절정이 아니라

'끝'을 읽고 있다. 그의 시선은 꽃이 피는 자리가 아니라, "꽃 진 자리"에 가 있다. 설사 무의식일지라도, 그는 늘 터미널의 시각으로 존재의 정거장들을 바라본다. 이 시집의 '시인의 말'에서도 그는 "꽃 진 자리에서부터 발아된/나의 슬픈 문장들"이라는 전언(傳言)을 들려준다. 이는 그의 시의 발화점이 "꽃 진 자리"라는 고백이다. 그렇다면 그의 시들은 적멸의 운명에선 '모든 죽어가는 것'에 대한 조종(弔鐘) 소리("슬픈 문장들")로 읽어도 된다.

> 사내의 몸 안에서 엄나무 가시가 자라고 있었다 구름 따라 늘 떠돌았던 시간 보일러공이었지만 한옥 짓는 곳에서 낮잠 대신 화투 패를 돌렸다 연장통마저 담보로 잡혔고 탈탈 털린 빈 주머니에 찬바람만 가득 집어넣고 집으로 돌아와 누웠다 마당에 심어놓은 회화나무는 죽었지만 그 대신 엄나무는 가시를 키우며 그늘을 넓혀가고 있었다 내 키가 자랄수록 가시 숲은 더욱더 견고해졌다 계절이 바뀔 때마다 새와 바람은 쉽게 그늘에서 쉬어갔지만 나는 새의 울음이 멈춘 곳에서 어스름 밀려오는 소리를 들었다 달이 가시에 찔리는 밤 그는 불면증 앓는 날이 많아졌고 점점 몸 안에 가시들이 자라면서 아무것도 먹지 못했다 나무줄기를 세우고 볕을 끌어들였지만 암이 그를 다스린다는 풍문이 있을 뿐 끝내 부르다 만 노래는 가시 숲이 키우고 있었다

―「부르다 만 노래」 전문

 이 시에서 "사내"와 "나"와의 관계는 분명하지 않다. "내 키가 자랄수록"이라는 구절을 통해 "사내"가 "나"의 아버지라 짐작할 수도 있지만, (텍스트 자체로 볼 때) 이들의 정확한 관계를 단정할 만한 증거는 없다. 어쨌든 "나"는 "사내"와 밀접한 관계에 있고, 이 시는 암에 걸려 "부르다 만 노래"가 되어버린 한 존재에 대한 "나"의 기억을 담고 있다. 사실 존재의 종말은 영원할 줄 알았던 존재의 라인이 어느 순간 중간에 끊기는 것을 의미한다. 마치 "부르다 만 노래"처럼, 존재는 시간의 어느 지점에서 갑자기 사라진다. 모든 존재는 "가시에 찔리는 느낌"으로 병을 맞이하고, 변화와 생성의 주체에서 '사라짐'의 주체로 바뀐다. 이 시는 모든 존재의 보편적 회로인 '사라짐'의 과정을 감상의 개입이 없이 담담하게 서술한다. 이 비판적 거리야말로 돌이킬 수 없는 '운명'을 운명답게 수용하는 자의 겸허한 모습을 보여준다.

3.

 이 시집 전체에 소멸의 의미소(semanteme)들이 흩뿌려져 있지만, 어둠의 청동 하늘을 뚫고 빛나는 햇살 같은 시들도 있다. 그것들은 종말에 이르기까지 존재를 생성과 변화와 '무엇

되기(becoming)'로 몰고 가는 어떤 힘에 대한 성찰을 보여준다. 이인 시인에게 있어서 그것은 프로이트가 '에로스(Eros)'라 명명한 '사랑 본능(love instinct)'이다. 이 글의 도입부에서 인용했던 시에서도 우리는 "나, 거기 동백 숲에 들어 발정 난 동박, 동박새와/한 열흘쯤 몸을 섞다/덜컹, 애라도 밴다면"이라는 구절을 만났거니와, 그는 적멸의 운명 속에서도 늘 새로운 생명의 탄생을 꿈꾼다. 탄생의 '사건'이야말로 개체의 죽음을 넘어 존재의 연쇄를 만드는 힘이다. 개체들은 모두 예외 없이 사라지지만 에로스적 접촉으로 다른 개체를 생산한다. 그것들은 사라짐과 동시에 다른 몸들(개체들)의 연속체를 만듦으로써 유적 존재의 지속성을 허락한다.

두 개의 용맥이 숱 많은 여자의 거웃 같다 가장 깊숙한 숲길을 헤치고 들어가 소복한 둔덕에 서 있는 송림을 마주하고 있다 공알처럼 생긴 바위 아래 수만 마리 은어가 옥문에서 지느러미를 키우고 있다

이곳은 한때 전적으로 소란스러웠다 화랑의 기개로 활시위를 당겼을 호걸의 뒷모습이 자꾸 어른거린다 수풀 우거지는 봄 잡목 베어낼 때마다 동네 여자들 바람났다는 구술에 옥문의 은어 떼들이 절 마당에 있는 남근석을 에워쌌다고 한다 남근이 여근에 들어 군사를 전멸시켰다는 음기

가 강한 이곳,

    밤꽃 향기 무르익어가는 그 저녁
    사신사가 갖춰진 옥문에 들어 달 비린내 담긴 옥수로 몸
을 씻고
    가장 잘생긴 현자와
    백자천손 이어갈 아이를 잉태하고
    전설 속 선덕 어미로 다시 태어나고 싶다

    나, 여근곡에 들거든
    아무도 내 발자취 뒤쫓지 마라
                    —「옥녀개각혈—여근곡」 전문

  이 시집에 가끔 등장하는 이런 시들은 마치 "검은 구름의 터진 틈으로 언뜻언뜻 보이는 푸른 하늘"(한용운,「님의 침묵」) 같다. 모든 개체가 죽음을 피할 수 없지만, "다시 태어나"는 방도가 있다. 그것은 '몸'의 접속을 통하여 "아이를 잉태"하는 것이다. 죽음이 운명이라면, 다른 개체의 출산도 운명이다. 그리하여 죽음이 세계의 반복인 것처럼, 탄생도 세계의 패턴이다. 그는 존재의 종점인 소멸에 집중하지만, 바로 그 자리에서 새로운 출발이 있음을 잊지 않는다.

비알밭

속대 겉대 잘려 나간

배추꼬랑이가 장다리꽃을 피워 올렸다

···중략···

자식 넷을 키운

어머니 쭈그렁 젖처럼

속대 겉대 다 내어주고

쪼그라든 배추꼬랑이

빈 젖을 물린다

어디서 날아왔는지 배추흰나비

한들거리는 장다리꽃에 앉아 젖을 빤다

오래도록 쪼그리고 앉아 그 꽃을 들여다본다

봄을 밀고 올라온 꽃 대궁에

눈뜬 씨앗들이 모여 있다

―「장다리꽃」 부분

"속대 겉대"가 다 잘려 나간 "배추꼬랑이"는 소멸 직전의 초

라한 존재이다. 그러나 이것은 붉은 꽃을 토해내는 늙은 동백처럼 "배추흰나비"에게 젖을 빨린다. 죽어가는 생물의 몸속에는 "봄을 밀고 올라온 꽃 대궁"이 있다. 그것들이 모여 "눈뜬 씨앗"을 만드는 풍경은 얼마나 장엄한가. 화자는 개체의 죽음을 넘어 존재의 연속체를 만들어내는 생명의 힘에 주목한다 ("들여다본다"). 시인은 이 시에서도 랑그가 부여한 "장다리꽃"의 개념을 무시하고 그것에 새로운 의미소들을 흩뿌린다. 그리하여 "장다리꽃"은 생물학적 장다리꽃이면서 동시에 다른 의미소들을 가진 혼종체(混種體)가 된다. 그것은 랑그의 체계 안에 멈추어 있지 않고, 또 다른 생성의 길을 간다. 이인의 시들은 이렇게 은유의 탈주선(脫走線) 위에서 만들어진다. 그것이 노리는 것은 사물의 변화와 움직임에 주목하는 것이고, 소멸/탄생의 변증법을 읽어내는 것이며, 먼 종점의 시각으로 현재를 다시 보는 것이다.

이 도서의 국립중앙도서관 출판시도서목록(CIP)은 서지정보유통지원시스템 홈페이지(http://seoji.nl.go.kr)와 국가자료공동목록시스템(http://www.nl.go.kr/kolisnet)에서 이용하실 수 있습니다.(CIP제어번호: CIP2020052976)

시인동네 시인선 142

당신으로부터 사흘 밤낮

ⓒ 이인

초판 1쇄 인쇄 2020년 12월 21일
초판 1쇄 발행 2020년 12월 28일
지은이 이인
펴낸이 김석봉
디자인 헤이존
펴낸곳 문학의전당
출판등록 제448-251002012000043호
주소 충북 단양군 적성면 도곡파랑로 178
전화 043-421-1977
전자우편 sbpoem@naver.com

ISBN 979-11-5896-500-6 03810

*이 책의 판권은 지은이와 문학의전당에 있습니다.
*양측의 서면 동의 없는 무단 전재 및 복제를 금합니다.
*잘못 만들어진 책은 바꿔드립니다.
*이 시집은 2019년 아르코문학창작기금 지원사업에 선정되어 발간되었습니다.